TURISMO ESTREMO

SUNNITI E SCIITI

Copyright © 2020 Flavio Ferrari Zumbini

Grafiche e impaginazione di Daniele Zizzi

Tutti i diritti riservati.
Codice ISBN:9798566461236

Vuoi scoprire gli altri numeri
della collana turismo estremo?

Vai su
www.turismoestremo.it

Sei pronto per un po' di turismo estremo?

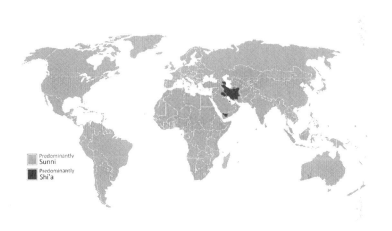

INDICE

INTRODUZIONE	7
PROCEDIMENTO INVERSO	8
LE DIFFERENZE NEI TESTI	11
IL CORANO	12
LE AHADITH	14
LA SUNNA	16
IL CORANO ESISTE DA SEMPRE O LO HA CREATO DIO?	19
SPOSTIAMOCI DA DIO VERSO L'UOMO	22
LE LEGGI LE FA SOLO DIO	25
IMAM	28
L'IMAM OCCULTATO	30
IL MAHDI	33
L'ESISTENZA DELL'IMAM È UN GRANDE PROBLEMA TEOLOGICO	35
ALTRE DIFFERENZE	39
LA SOFFERENZA SCIITA	40
MARTIRIO SCIITA	41
LA SCIA HA UN CLERO STRUTTURATO	43
INTERCESSIONE	44
ALI È L'AMICO (WALI) DEL PROFETA	46
LE LOTTE POLITICHE	49
IL PRIMO CALIFFO	50
LE ORIGINI DEI DISSIDI TRA AISHA E ALI. L'AFFARE DELLA COLLANA	51
OMAR E UTHMAN	53
IL QUARTO CALIFFO: ALI	55
LA BATTAGLIA DI KERBALA	57
IL "PESO" DELLA SCIA	60
LE CAPITALI CHE CONTANO	62

INTRODUZIONE

Comprendere le differenze nel mondo islamico tra Sunniti (circa l'80% del totale) e Sciiti è **fondamentale**. Altrimenti non si può capire davvero il Medio Oriente.

Approfondimenti di questo tipo solitamente si dilungano sulle lotte di potere, per poi brevemente vedere qualche differenza religiosa che ne discenderebbe.

L'Islam, inoltre, è un sistema religioso e politico allo stesso tempo, per cui è ovvio che ogni scontro sia insieme religioso e politico.

Ora, pur avendo ben chiaro che alle origini della divisione c'è stata una lotta di potere, nel corso dei secoli, però, le differenze sono diventate **religiose**.

PROCEDIMENTO INVERSO

Parliamo allora prima delle grandi differenze religiose e poi dedichiamo la parte finale all'origine della lotta, argomento per altro più conosciuto e dibattuto, mentre sulle differenze religiose c'è spesso approssimazione, o comunque si taglia corto, dando così l'impressione che quasi non ve ne siano. È falso, ci sono eccome.

Da ultimo due **avvertenze**: gli Sciiti sono molto diversi tra loro, nel testo il riferimento è sempre ai **duodecimani** (coloro che credono nei 12 Imam), che sono maggioritari.

Mausoleo di Khomeini: luogo molto frequentato soprattutto per fare picnic, che in Iran è attività molto amata (l'edificio tecnicamente è una Husayniyya, luogo dove venerare Ali, non una moschea). Nel 2015, quando l'ho visitato, era ancora in costruzione

Inoltre, l'arrivo di Khomeini, oltre ad alimentare l'odio, ha ulteriormente trasformato questa lotta plurisecolare. Perché **con Khomeini cambiano tante cose**. Khomeini è il punto di riferimento sciita moderno, ma ha stravolto alcuni dei principi cardinali del passato. Ci saranno dei riferimenti a lui, ma sia chiaro che le differenze religiose si sono sviluppate lungo molti secoli.

Alcuni, pochi, videro in Khomeini direttamente il Mahdi e non solo il suo vicario. Khomeini era già molto vecchio quando prese il potere, non c'erano sue foto da giovane che circolavano, persino la sua data di nascita è segreta; qualcuno vide in lui il dodicesimo Imam occultato più di mille anni prima. Al suo funerale nel 1989 parteciparono 2 milioni di persone e si arrivò anche a dire che ora era Khomeini ad essersi occultato!

Nel testo troverete anche tutte le informazioni indispensabili alla comprensione dell'Islam per chi non ne sa nulla. Al termine, la didascalia della foto vi sarà molto chiara, perché parleremo di Mahdi, Imam, occultamento e anche di tombe.

Da ultimo, ho personalmente visitato, con Marco PoLLo, **tutti** i Paesi e le città di cui parlo tranne Mecca e Medina perché, come noto, i non Musulmani non possono entrare.

Pronti?

LE DIFFERENZE NEI TESTI

Per alcuni Musulmani il **problema** delle differenze non sussiste: tanto il Corano è uno solo, il Profeta lo stesso, tutti pregano verso la Mecca e così via. Il che è vero.

No di certo. Marco PoLLo, siamo qui proprio per evidenziare le differenze. Tali differenze possono (e non dovrebbero) essere un problema. **Ma esserci, ci sono**. Eccome.

Del resto, anche tra i Cristiani si sono create tre principali correnti con grandi differenze teologiche, sia pure usando gli stessi testi, lo stesso Dio e pregando con le stesse parole. Nessuno o pochi problemi oggi, ma le differenze ci sono.

IL CORANO

Sì, è lo stesso Corano per Sunniti e Sciiti. Libro sacro che fu messo per iscritto sotto un Califfo (Uthman) che gli Sciiti però disprezzano.

Il Corano fu messo per iscritto nel momento in cui coloro che lo avevano memorizzato cominciavano a morire (alcuni combattendo tra loro). E fu fatto in maniera magistrale, è un testo veramente integro. Tutte le versioni non conformi furono bruciate.

Una minoranza degli Sciiti accusa i compilatori di aver volontariamente dato poca importanza alle parti che avrebbero favorito gli Sciiti.

Ma i più, pur accettando che il Corano sia perfetto così, fanno notare come l'arabo, cioè la lingua in cui Maometto ebbe le rivelazioni dall'Angelo Gabriele (lo stesso della annunciazione alla Madonna), abbia un problema: quando messo per iscritto non riporta alcune vocali (brevi).

Certo l'uomo, volendo, potrebbe inserirle. Ma non lo fa, perché significherebbe corrompere il testo sacro. Che **avrebbe qualcosa di umano dentro**, mentre il Corano deve rimanere inalterato.

Dunque, senza modificare o aggiungere nulla al Corano, alcune parole **possono essere lette diversamente** perché si sceglie di usare vocali diverse.

Moschea in Kuwait: replica del primo Corano di Uthman. In realtà nei Corani scritti posteriormente e poi anche in quelli stampati, per aiutare ci sono piccoli segni posti al di fuori del testo e anche lettere segnate con diversi colori per suggerire la vocale da accostare ma pur sempre senza scriverla

Per farla semplice, immaginate di trovare scritto PZZ. Funzionasse così anche in italiano, ora potreste leggere pizza. O pazza. O pozzo. Etc.

L'arabo ha queste radici di 3 consonanti con cui si formano numerose combinazioni di parole dal significato anche molto diverso.

C'è allora un piccolo numero di parole che gli Sciiti leggono **diversamente** dai Sunniti. Basta poco e si stravolge però molto.

LE AHADITH

L'Islam ha nel Corano la sua fonte principale. Ma il Corano è un libro relativamente snello, circa 10 ore per una recitazione completa, il che per un testo sacro non è poi molto!

In Brunei, sempre insieme a Marco PoLLo, ho assistito ad una competizione tra recitatori del Corano. Tra il pubblico è buon costume mostrarsi vicini alla commozione durante l'ascolto. Vi sono premi in denaro per i vincitori e i migliori erano tradizionalmente esentati dal servizio di leva. I bambini diventano star contese da radio e televisioni

Il Corano è molto ripetitivo, Mosè, per esempio, torna e ritorna di continuo e, nello stesso tempo, non costituisce un sistema completo e funzionale a tutte le esigenze dell'Islam.

In altre parole, il Corano non esaurisce tutto il sistema Islam. Il Corano va affiancato dalle ahadith, cioè dai "detti e fatti" del Profeta. In sostanza, Maometto, l'uomo migliore mai apparso sulla terra, oltre ad avere rivelazioni dirette, era sempre ispirato ed è il modello da imitare, anche se va ritenuto **infallibile** solo nella trasmissione appunto del Corano.

Dunque, tutto ciò che ha fatto, detto, anche **NON fatto** e **NON detto**, qualsivoglia comportamento del Profeta è importante. E tutti diedero importanza, riportando e conservando qualsiasi cosa riguardasse il Profeta.

Facciamo un paio di esempi che vanno oltre le ahadith in senso stretto. Se al mercato al Cairo urlate "Mohammed", si girano in tanti, perché in tanti hanno voluto dare al figlio il nome dell'uomo da imitare. Oppure: il classico volto maschile islamico è con la barba, non perché sia formalmente prescritto così, ma perché la portava il Profeta.

LA SUNNA

L'insieme delle ahadith è detta Sunna, e anche se **non è dottrina rivelata da Dio**, come il Corano, è però fondamentale.

Ora dovrebbe essere più chiaro il termine Sunniti: da Sunna, cioè l'insieme delle ahadith.

Queste ahadith sono numerose, non tutte affidabili, nonostante la grande cernita fatta e l'accurata verifica della catena di trasmissione; infatti furono raccolte in maniera sistematica molto dopo la morte del Profeta. La raccolta più autorevole in assoluto, di al-Bukhari, fu completata oltre 200 anni dopo la morte di Maometto.

Gli Sciiti invece prendono il nome da Scia Ali, cioè "partito", "fazione" di Ali. I quali Sciiti, senza entrare nei dettagli, giudicano **inaffidabile** tutto ciò che del Profeta viene narrato da Aisha, cioè dalla moglie bambina di Maometto, la sua preferita. E, diversamente dai Sunniti, hanno accolto, e tramandato, altre ahadith che riguardano la famiglia del Profeta e poi gli Imam, cioè alcuni particolari discendenti del Profeta, che hanno un ruolo speciale nella loro religione.

Con le ahadith, le differenze religiose cominciano a essere notevoli e ad avere ripercussioni importanti.

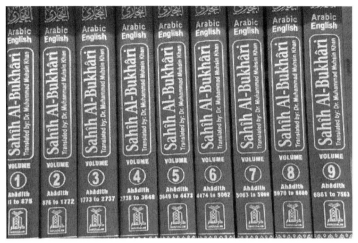

Le ahadith, come vedete, sono numerose. I digesti "migliori" sono sei. Dei sei, due sono da considerarsi su un gradino più alto: se concordano questi due, non c'è discussione, l'affidabilità è totale. Qui nella foto ne vedete uno solo, il più **autorevole** di tutti. Se proprio volete studiare solo le "basi", le ahadith da imparare sono 2.762. Da notare che per i Sunniti, per rimanere all'esempio fatto, ciò che dice Aisha è da considerarsi affidabile (era la moglie preferita e dunque godeva persino delle confidenze del Profeta). Aisha era una **donna**, dunque se oggi testimoniasse in tribunale, in un paese che implementa regole islamiche (in parte da lei tramandate), la sua parola varrebbe meno di quella di un uomo! Ma nel riportare un hadith (singolare di ahadith) del Profeta, donne e uomini sono equiparati

Non si tratta più di poche parole lette diversamente nel Corano: i Sunniti hanno un corpo di ahadith e gli Sciiti ne accettano solo una parte, mentre aggiungono regole e credenze che provengono da "persone speciali" che vissero **anche dopo** il Profeta. Suoi discendenti, non lui direttamente.

Ora, per capire davvero il Corano, i grandi studiosi islamici hanno dato vita a dei commentari. Immaginate una specie di nostro libro di catechismo, in cui i passaggi non chiari vengono spiegati con parole diverse (e molto discutibili).

Ebbene, l'autorevolezza delle spiegazioni passa attraverso l'uso delle ahadith. Cioè, la spiegazione di ogni passaggio proposta dallo studioso va **ancorata** a qualcosa di "certamente vero" da ritrovarsi dentro la sterminata produzione di ahadith. È facile capire che se le ahadith sono diverse, le spiegazioni diventano molto diverse...

Ma c'è ancora di più...

IL CORANO ESISTE DA SEMPRE O LO HA CREATO DIO?

Per farla semplice, i Sunniti ritengono che tutto sia già avvenuto per sempre (la Sunna è l'autorevolezza del passato), mentre gli Sciiti pensano che alcune "persone speciali" abbiano legittimamente potuto e possano interpretare il testo sacro, persino modificarlo (dipende poi dalle diverse sottocorrenti). Dunque la **visione sciita è più in evoluzione**.

Ma prima di addentrarci nei meandri delle interpretazioni, torniamo di nuovo al Corano. Nel libro non c'è equivoco possibile: Dio è davvero Uno.

Ma proprio UNO. E come si può dividere Dio dalla sua parola?

Dunque, la parola "di Dio", così come Dio stesso, deve essere increata, ossia esistere da **sempre**, così come Dio esiste da sempre.

E il Corano è la parola di Dio, dunque è increato.

Una scuola teologica (Mutazilismo, influenzata dal pensiero greco) si oppone a tale visione, cioè voleva che il Corano fosse stato creato. Il Califfo al-Ma'mun addirittura flagellava i religiosi che insistevano sull'increazione del Corano, ma perse la battaglia.

Caro Marco PoLLo, non è una questione di poco conto!

Se il Corano fosse creato, **NON** sarebbe eterno (perché non sarebbe esistito in un certo momento passato). E quindi non sarebbe **al di fuori del tempo e della storia**. Vorrebbe dire che si può interpretare, usare la ragione per adattare e attualizzare il testo al mondo, invece che cercare di fermare il mondo al tempo della rivelazione del Corano.

La filosofia, soprattutto per i Sunniti, fu espunta dalla teologia; fede e ragione presero strade divergenti e dunque poco per volta la teologia divenne più una serie di regole pratiche che un ragionare su Dio.

Sì, anzi, l'intera filosofia divenne nemica dell'Islam!

Il termine "Mutazilita" ha finito col diventare un insulto.

Ebbene, gli Sciiti tendono verso il Mutazilismo.

Un'ulteriore precisazione: abbiamo visto che gli scritti di riferimento sono praticamente identici con il Corano ma diversi con le ahadith (che sono però usate anche per "leggere" il Corano).

Gli Sciiti dunque con il loro mutazilismo, cioè con il rifiuto di considerare il Corano increato, con le loro ahadith diverse, vanno nella direzione del **voler usare la ragione** al pari, o più, della Tradizione.

SPOSTIAMOCI DA DIO VERSO L'UOMO

Nella pratica poi, dai testi di Teologia, sono discese e ancora oggi discendono le leggi che gli uomini devono rispettare, sia nei confronti di Dio, sia nei confronti degli altri uomini.

Ora, una volta scelti i testi in maniera non identica, per entrambe le correnti, si giunge alla Legge di Dio, la famosa sharia.

Anche in Europa c'è voluto tempo per distinguere bene tra teologia e legge. Nelle teocrazie, ovviamente, ancora oggi **tra crimine e peccato non c'è differenza**. Il crimine è contro la legge dell'uomo, il peccato contro la legge di Dio. Se coincidono...

Il Corano è direttamente parola di Dio, la Sunna viene invece principalmente da Maometto o da altre "persone speciali", ma la comprensione, il mettere tutto insieme per ricavarne regole, si ha attraverso qualcosa di molto umano, cioè la "giurisprudenza islamica". È attraverso la giurisprudenza che l'uomo conosce davvero i comandamenti di Dio.

La giurisprudenza, sia chiaro, è una materia umana.

Moschea a Qom, in Iran, dove ancora oggi si formano tanti giuristi della corrente sciita. Anche Khomeini studiò qui

Dunque, mettendo insieme un po' di pezzi: laddove il Corano, poi la Sunna e poi il "consenso" della comunità non erano sufficienti a fornire la parola univoca, indiscutibile, vera per tutti, i Sunniti, tanto in giurisprudenza quanto in teologia, si sono dati la possibilità **di usare la ragione** (da intendersi però in senso analogico, cioè si usa la ragione per selezionare in ambiti diversi della religione dei criteri che possano essere utilizzati per qualcosa di non espressamente disciplinato dai testi sacri. L'uso della ragione è residuale perché, ovviamente, è un processo tutto umano che non ha nulla di divino).

Comunque, in sostanza, un giurista di grande fama – e se è famoso lo deve solo alla sua autorevolezza, certo non uguale a quella del Profeta ma comunque ragguardevole –, di ampia cultura e di retta moralità, un tempo poteva emettere un ijtihad, cioè un ragionamento giuridico indipendente.

Studente sciita a Qom, inizialmente potrà pronunciarsi solo su questioni semplici, al crescere del suo sapere potrà affrontare problemi più complessi, ma un ijtihad è riservato ai pochissimi di grande autorità

LE LEGGI LE FA SOLO DIO

Attenzione, neanche un giurista di grande fama può creare una legge, almeno non nelle intenzioni, perché **le leggi**, appunto, **le fa Dio**, non l'uomo!

Alcuni fondamentalisti arrivano a dire: "Poveracci gli Occidentali, costretti a farsi le leggi da soli". Se avete sentito l'espressione "gran muftì", per esempio, forse sapete che è una figura giuridica creata per permettere al Sultano ottomano di fare delle regole sue che poi il muftì "legava" alla sharia... (pensate oggi al diritto aereo: ovviamente la sharia non potrebbe essere di aiuto diretto perché non contiene alcuna norma di letterale applicazione. E per regolare i cieli si devono avere regole specifiche e anche ben dettagliate. Per salvare i principi, tali nuove regole si "vanno a rinvenire accennate" nella sharia, oppure, ancora più semplicemente, le si chiama in altro modo, così il termine "legge" resta unicamente per ciò che proviene dalla sharia)

Ma torniamo al giurista di grande fama. Egli poteva fare uno sforzo di comprensione, insomma, per essere più diretti: **innovare**. Tutto ciò per i Sunniti, da tanto tempo, non è più possibile.

Infatti, i cosiddetti "cancelli dell'ijtihad" sono chiusi per i Sunniti

E questo perché tutte le grandi questioni sono già state affrontate (c'è "consenso" definitivo ed eterno su quegli argomenti: Ijma), dunque anche i più dotti e retti dei giuristi devono **limitarsi all'imitazione** (qiyas). Insomma, continuare ad appoggiarsi a quanto già deciso mille e più anni fa, quando c'era più autorevolezza.

Ma questo consenso che si è avuto nel passato, **perché deve essere eterno**, visto che si ebbe attraverso l'accordo della comunità, dunque **fu opera di uomini** e non di Dio direttamente e neppure del Profeta?

Ebbene, Maometto disse che Allah non permetterà mai che la sua comunità sia concorde sul falso, dunque ciò che fu deciso all'**unanimità un tempo, non può essere sbagliato**. E i giuristi dell'epoca sono da considerarsi di livello superiore, in quanto **più vicini al momento della rivelazione**. Da questi illustri giuristi nacquero le quattro scuole classiche sunnite, che hanno differenze ma si riconoscono a vicenda.

A Baghdad ho visitato la Madrasa Mustansiriyya. Qui, la convivenza delle quattro scuole giuridiche è chiara anche da un punto di vista architettonico: ognuno dei quattro "lati" era di pertinenza di una scuola diversa, dunque gli insegnamenti avvenivano proprio nello stesso luogo fisico!

I Sunniti, come vedete, sono ancorati al passato: ciò che fu deciso un tempo all'unanimità è per sempre, l'innovazione è male. La perfezione e la massima autorevolezza si ha nel passato ed è in quella direzione che bisogna guardare.

Gli Sciiti invece usano ancora Ijtihad

Gli Sciiti hanno la sola scuola giafarita per formare i loro giuristi. Il grande giurista **può innovare**, se è di altissimo livello, come Khomeini per intenderci. Può dar vita a qualcosa di "nuovo". Che dunque cambia nel tempo. Anzi spesso, la fatwa, cioè il responso giuridico, muore con lui. E chi viene dopo può interpretare diversamente, oppure no, come nel caso della fatwa di Khomeini che condannava a morte Salman Rushdie, rinnovata dal suo successore, perché "scaduta" alla morte dell'Ayatollah della Rivoluzione.

Da una prospettiva occidentale, quanto abbiamo visto fin qui consentirebbe alla Scia di restare al passo con i tempi, nel caso di un giurista di alto livello che innovi bene. Oppure la situazione può peggiorare, nel caso il giurista dia cattive regole, come Khomeini. In realtà, la legge di Dio fissata una volta per tutte resta certamente indietro con i tempi, ma **è sempre stata un limite** per chi fa le regole. **Neanche il sovrano più potente può prevaricare Dio.**

IMAM

Ma la Scia ha avuto anche "uomini speciali" per interpretare il Corano che sono ben più di giuristi di chiara fama. Il più speciale di tutti fu Ali.

Per i Sunniti Ali è il primo maschio convertito, uno dei più fedeli compagni del Profeta, colui che, fingendosi Maometto, rischiò la propria vita dormendo nel letto del Profeta quando sembrava che questi stesse per essere assassinato, colui che aiutò Maometto a ripulire la Ka'ba dagli idoli, colui che sposò Fatima, la figlia di Maometto. Infine, ovviamente, è il quarto Califfo ben guidato.

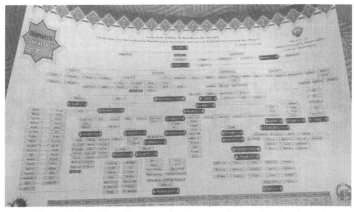

Discendenza del Profeta da appendersi a casa (lo spazio c'è, dato che nei paesi musulmani quadri non ce ne sono!). L'ho avuta in regalo in una moschea in Kuwait

Per la Scia, Ali è ancora di più.

È Ali che doveva succedere a Maometto, perché solo la famiglia del Profeta è pura e dotata di isma, una specie di infallibilità e purezza. Da Ali e Fatima, nacquero due figli, due Imam, questa serie di "uomini speciali".

Il primo figlio è in realtà insignificante, ma non lo si può escludere visto che ha gli stessi meriti "genetici", il secondo Husayn è invece fondamentale. Ma prima terminiamo di capire chi sono gli Imam.

Come detto in apertura, tra gli Sciiti vi sono tante diverse correnti, ma in quella maggioritaria, cioè la duodecimana (dal numero 12), la figura dell'Imam è necessaria perché il Corano ha delle parti allegoriche e nascoste che **solo una persona speciale** può interpretare e spiegare ai fedeli.

Serve una guida costantemente **presente in terra**: senza un Imam il mondo sarebbe destinato alla distruzione.

Moschea sacra sciita, i pellegrini dormono nel cortile interno, tanti arrivano a piedi partendo dall'Iran e arrivando a Kerbala o Najaf in Iraq

L'IMAM OCCULTATO

L'Imam deve essere un discendente **diretto** di Maometto tramite Ali. È infallibile, è polvere di stelle, è l'unico in grado di interpretare le allegorie del Corano. È una **guida religiosa**.

Ora, fino all'anno 874 si è avuta una serie di dodici Imam (contestata da altre correnti) che spesso si sono trovati ad essere controllati, persino imprigionati, dai Califfi – Sunniti – che detenevano il potere. Cosa accadde nel 874? L'ultimo Imam della serie dei 12 si occultò a Samarra, in Iraq, proprio per sfuggire alle grinfie dei nemici e rimase in contatto con la comunità attraverso degli intermediari. Poi, dal 941 si occultò completamente, nel senso che non ebbe più neanche questi intermediari, cioè dei vicari in terra, in contatto con lui.

Che vuol dire occultato? In sostanza, l'Imam è vivo ma sceglie di non palesarsi.

Dunque, l'Imam **è vivo**, il mondo può andare avanti, ma gli Sciiti, nella loro corrente maggioritaria sono **senza una guida divina palese**. Altri Sciiti hanno l'Imam presente tra loro; costui può essere di varia natura, dall'essere umano più meritevole al quasi Dio.

La mancanza del Califfo per i Sunniti è tutt'altra cosa, perché il Califfo non è infallibile, non è divino, è sì discendente di Maometto ma non necessariamente dalla famiglia stretta (basta la tribù, o forse ancora meno). Ma, soprattutto, il Califfo è una **carica politica**.

Immagine del famoso minareto a Samarra usata per la copertina del vol. 3 sull'Iraq. In una moschea di Samarra si sarebbe occultato il dodicesimo Imam. Forse non è un caso che Al-Zarqawi abbia organizzato uno dei più grandi attentati proprio in una Moschea a Samarra sperando di creare la guerra civile tra Sciiti e Sunniti. Al-Zarqawi ha fatto anche attacchi a Kerbala e Najaf con centinaia di morti. Persino bin Laden pare abbia preso le distanze da lui perché l'obiettivo dovevano essere gli Americani. Per Al-Zarqawi, invece, pare che la priorità fosse uccidere gli Sciiti

Il Califfo è certamente un pio fedele, ma non ha alcuna superiore capacità di interpretare il Corano.

Per alcuni Sunniti, "l'invenzione" dell'Imam si ha proprio perché gli Sciiti non sono riusciti ad appropriarsi della carica politica e avrebbero rimediato così...

Selfie estremo (non è facile né consigliabile andare a Mosul): accanto alla Moschea di Al-Nuri, quella dove Al-Baghdadi proclamò la nascita del Califfato. Ovviamente la moschea l'ha distrutta proprio ISIS per non farne un simbolo della loro sconfitta nelle mani degli USA. Io l'ho visitata il 30 ottobre 2019, cioè tre giorni dopo la notizia della morte di Al-Baghdadi in un'operazione americana. Il Califfo, come aveva fatto con la moschea, per non essere preso, si è fatto saltare in aria insieme a due dei suoi figli...

IL MAHDI

L'Imam occultato **tornerà**. Non è scritto esplicitamente nel Corano, ma gli Sciiti hanno una forte credenza che l'Imam arriverà, forse insieme a Gesù, in sella a un cavallo bianco. E, quando tornerà, porterà anche nuove regole. Anche i Sunniti credono al Mahdi, cioè al Messia islamico, che verrà poco prima della fine dei tempi, però per loro non è da identificare con l'Imam occultato. Ovviamente il Mahdi deve chiamarsi Mohammed.

Il Profeta riportò le leggi di Dio, quello è il compito di un Profeta, ma è l'Imam a interpretarle e **renderle vive e attuali**.

Dunque, per le aspettative sciite, la perfezione è attesa nel **futuro**, quando giungerà il Mahdi, che potrebbe arrivare ad abolire proprio le leggi islamiche (divenute a quel punto inutili).

Avete mai sentito parlare degli Assassini, la setta sciita? Il loro capo disse che era giunto il momento e dunque non era più necessario rispettare certe regole. Qualcosa di simile avvenne anche sotto i Moghul in India, e pure coloro che presero in ostaggio la Ka'ba dissero che il Mahdi era tra loro. Ahmadinejad in Iran disse che il Mahdi sarebbe arrivato prima della fine del suo mandato di presidente.

Allora se per i Sunniti la perfezione si è avuta con la prima comunità islamica, con a capo Maometto in persona e poi con i Califfi ben guidati – cioè guidati da Maometto, perché tutti lo conobbero di persona, anzi, tutti furono imparentati con Maometto, che dei primi due aveva anche sposato le figlie –, per gli Sciiti la perfezione è proiettata in avanti.

Quei famosi quattro grandi pannelli rotondi dentro Hagia Sofia a Istanbul (qui ne vedete due), riportano ognuno il nome di uno dei quattro Califfi ben guidati, amati dai Sunniti anche perché furono loro a conquistare tanto territorio diffondendo l'Islam nel mondo. Per capire la portata straordinaria di quelle conquiste, è stato avanzato il paragone con gli Eschimesi che si lanciarono alla conquista di Russia e Stati Uniti. Per gli estremisti che si ispirano ai primi Califfi, la loro opera fu merito della benevolenza divina e della grande fede che li animava, ed è la dimostrazione storica che l'Islam va esportato anche con la spada. Naturalmente, quando sono i nemici dell'Islam a vincere ed espandersi, quella è opera del Diavolo...

L'ESISTENZA DELL'IMAM È UN GRANDE PROBLEMA TEOLOGICO

Ora, analizziamo la presenza dell'Imam da un punto di vista diverso da quello politico.

L'Imam è quasi-divino, o almeno **un po' più che umano**. Vi ricordate che per i Musulmani Dio è UNO, ma proprio uno, per cui anche la sua parola è indissolubile da lui e va quindi considerata eterna? Dio, per esempio, ha tanti attributi, anche in contrapposizione tra loro, perché così lo si mantiene un unico Dio, sia pure nelle sue tante sfaccettature che servono agli umani per relazionarsi con lui.

(Non è cosa che si possa davvero capire. Come la Trinità, del resto: la stessa Chiesa, che l'ha costruita nel tempo, la definisce un "mistero" della fede).

Ma ora la presenza dell'Imam **mette qualcosa tra Dio e l'uomo**! Perché se l'Imam fosse semplicemente un uomo allora sarebbe fallibile, visto che però lo si considera infallibile, allora solo un uomo non può essere. C'è ora qualcuno tra uomo e Dio.

Moschea in Arabia Saudita: quando i fedeli pregano, per evitare che un uomo passi davanti a chi prega e dunque possa sembrare che ci sia qualcosa tra uomo e Dio (rappresentato dalla direzione della Mecca), mettono un separé (sutrah, il piccolo oggetto – qui bianco – ovviamente senza immagini, che vedete davanti all'uomo inchinato. Sì, la foto fa un po' schifo, ma non è gradito fotografare persone che pregano, mi hanno autorizzato, ma dovevo fare in fretta)

L'Imam, **per alcuni (pochi) Sunniti**, è shirk. Cioè "associazionismo", mettere qualcosa accanto a Dio, pregare rivolti verso qualcuno che è altro da Dio. Da qui a vedere negli Sciiti dei... **politeisti** il passo è breve. E i politeisti si possono anche uccidere, per di più, questi politeisti commettono il **peggiore dei peccati**, proprio l'associazionismo. Non sono neanche da considerarsi Musulmani.

Ripeto, è una visione minoritaria, ma è il motivo, per esempio, per cui i terroristi sunniti fanno attentati contro gli Hazara, la minoranza sciita in Afghanistan, **e anche nelle moschee sciite**.

Con ancora più convinzione: no, non è solo una questione di potere!

Dal ruolo che gli Sciiti attribuiscono agli Imam discende la loro venerazione **per le tombe** dei medesimi Imam (sì, gli altri Imam sono morti, solo l'ultimo è "occultato"). Ovviamente i Sunniti giudicano blasfema questa venerazione.

Altra moschea sacra sciita, sempre in Iraq. Per gli Sciiti le tombe degli Imam sono meta di pellegrinaggio (facoltativo) che si unisce a quello di Mecca (obbligatorio se sussistono certe condizioni di salute ed economiche per riuscire a compierlo). Nell'Arabia sunnita, invece, si vantano di NON avere tombe da venerare; persino quella del Profeta non è considerata un luogo speciale

Un antenato dell'attuale famiglia regnante in Arabia Saudita, i Saud, già fattosi Wahabita (dunque Sunnita), si recò a Kerbala nel 1802 (durante l'Ashura di cui parleremo a breve) per massacrare Sciiti e distruggere le tombe più sacre. È ricordato come il Macellaio di Kerbala.

I Wahabiti a Mecca distruggono costantemente tutto ciò che di antico è ancora presente in città, proprio per evitare che qualcosa venga venerato.

Mashhad, città santa sciita in Iran, nasce tutta intorno a una tomba e ha oggi oltre 2 milioni di abitanti. Anche Qom nasce intorno alla tomba della sorella di un Imam.

E agli Sciiti, quando vanno in pellegrinaggio a Mecca, gestita dai Saud e dai Wahabiti, tocca sorbirsi un indottrinamento che in alcuni punti insulta il loro credo!

Agli Sciiti nel 1634 fu addirittura proibito il pellegrinaggio per qualche anno.

ALTRE DIFFERENZE

Sappiamo che gli Imam hanno sempre avuto guai dai Califfi sunniti, l'ultimo è ancora occultato. Il Califfato, a parte la versione moderna con Daesh/ISIS e il buco dovuto all'invasione mongola (nel 1517 il Sultano si autoproclamò Califfo), è esistito fino al 1924.

Ebbene, se ne deduce ovviamente che i Sunniti sono sempre stati più forti e al comando. E che la minoranza sciita, per di più senza Imam palese, **si è spesso piegata**. Da qui, ad esempio, la taqiyya, cioè la facoltà di nascondersi, apparentemente rinnegando la fede per avere salva la vita.

LA SOFFERENZA SCIITA

Questa sottomissione ha plasmato la visione sciita verso una **religiosità di sofferenza, pianto e attesa**. La festa più sentita, l'Ashura, non è una festa. Ci si fanno le **condoglianze**, non gli auguri. Ci si punisce per non aver aiutato Husayn a Kerbala, si piange davvero. Durante l'Ashura poi, si maledicono gli assassini di Husayn e anche... i Califfi, ben guidati per i Sunniti, detestati dagli Sciiti.

Nella celebrazione dell'Ashura in Pakistan a cui ho partecipato si fanno veramente male flagellandosi da soli. Ci sono persone che intervengono per fermare chi esagera e sanguina troppo. Ai lati della strada ci sono medici, sia per curare, sia per invitare le persone a donare il sangue, così lo hai "versato per Husayn" e intanto fai una cosa buona per gli ospedali vicino.

Essere una minoranza, ha portati gli Sciiti a sviluppare una forte **tensione al martirio**, cioè una specie di culto dei Santi, per capirci. Santi guerrieri, come gli Ortodossi più che come i Cattolici di oggi.

MARTIRIO SCIITA

Per gli Sciiti è un martire anche colui che muore combattendo **contro altri Musulmani**! Mentre per i Sunniti un martire deve combattere contro gli infedeli.

Abbas ibn Ali, uno dei martiri di Kerbala. La sua **immagine** è ovunque. Come avrete visto dalla fotografia sopra, gli Sciiti non si fanno troppi problemi con le immagini, che per i Sunniti sono subito veicolo di idolatria

Facendo ancora un paragone con il Cristianesimo, l'eroe nazionale russo Aleksandr Nevskij combatté e salvò i Russi ortodossi dal Cattolicesimo, non certo dagli infedeli! Le famose lotte Russia-Svezia-Polonia sono i tre rami maggioritari del Cristianesimo in guerra! Non solo, una delle Crociate fu rivolta contro la Costantinopoli ortodossa e Santa Sofia divenne cattolica per qualche decennio (poi moschea musulmana, poi un **museo** proprio per non litigare, con la Grecia ortodossa soprattutto...). Per non parlare poi degli infiniti scontri tra Cattolici e Protestanti che hanno insanguinato l'Europa per secoli...

LA SCIA HA UN CLERO STRUTTURATO

Ultime grandi vere differenze: gli Sciiti hanno un **clero vero e proprio**, senza arrivare ad avere gerarchie globali, cioè non hanno un Papa, per intenderci. Ma la mancanza dell'Imam palese ha spinto in questa direzione, il clero – di altissimo livello – interpreta persino il Corano, come abbiamo visto. Khomeini addirittura ha fatto le veci dell'Imam, lo ha, per così dire, disoccultato. Ma tanti Sciiti sono contrari alla strada intrapresa da Khomeini e la sua interpretazione dello sciismo.

I Sunniti, al contrario, non hanno clero. I loro ulama, sono semplicemente degli studiosi (come i Rabbini), non hanno alcun potere speciale, la loro autorità viene dall'aver studiato le discipline religiose, le quali coprono tutto lo scibile umano.

Va tenuto comunque sempre presente che nell'Islam il clero non è un intermediario, non ci sono sacramenti da celebrare, il rapporto tra il fedele e Dio è diretto. Certo, il clero sciita raccoglie la zakat, la tassa obbligatoria (circa il 2,5% all'anno dei guadagni del fedele, ma ci sono tante regole su come calcolarla e su quale base imponibile, talvolta è più una patrimoniale che un prelievo sul reddito) e ha altre fonti di reddito per i servizi che offre ai fedeli.

INTERCESSIONE

Gli Sciiti, per andare in paradiso, possono contare sull'**intercessione** anche degli Imam (per alcuni Sciiti anche dei martiri), Ali in testa, oltre che su quella del Profeta. Il quale Maometto, invece, è l'unico che potrà intercedere per i Sunniti nel giorno del Giudizio; ma solo quel giorno, non prima: ecco un altro motivo per cui non ha senso andare a visitare la sua tomba!

A tal proposito, c'è differenza tra Sunniti e Sciiti anche riguardo alla predestinazione. Probabilmente gli Sciiti, in quanto mutaziliti, propendono a riconoscere valore al **libero arbitrio** del fedele e dunque le sue scelte saranno oggetto di giudizio divino, laddove il Corano, secondo i Sunniti, in qualche brano sembra tendere verso la predestinazione.

Del resto, Dio onnipotente può salvare chi vuole e far perdere chi vuole, e può porre un sigillo al cuore e alle orecchie di chi vuole, in modo che costui non abbia mai la possibilità di credere...

Infine, alcune piccole differenze: gli Sciiti pregano accorpando le 17 rak'a obbligatorie in 3 blocchi e non in 5 (le 5 preghiere quotidiane dei Sunniti hanno lunghezze diverse di 2,3 o 4 rak'a. Ogni rak'a è una unità costituita dall'insieme dei movimenti del corpo e della preghiera). Gli Sciiti usano una piccola pietra che viene da Kerbala per pregare, tengono le mani all'altezza del petto invece che al viso, l'abluzione viene fatta in maniera leggermente diversa, cioè l'acqua scorre sul braccio in senso diverso, ma sono tutte minuzie. Ci sono anche piccole differenze riguardo cosa si può e non si può mangiare.

Piccole pietre (turbah) che vengono solitamente da Kerbala, usate dagli Sciiti per pregare, spesso con il nome di Husayn scritto sopra

ALI È L'AMICO (WALI) DEL PROFETA

Più importante invece è notare che la shahadah, cioè la professione di fede islamica, il primo pilastro dell'Islam, per la Scia prevede di nominare anche Ali come wali di Maometto, cioè come suo "amico", come esecutore, come interprete del messaggio di Dio che è stato portato dal Profeta.

Gli Sciiti poi hanno il "piccolo matrimonio", cioè la mut'a, un matrimonio temporaneo. I Sunniti lo hanno abolito perché così fece il secondo Califfo (uno dei già citati Califfi ben guidati), l'autorevolezza del quale non è affatto riconosciuta dagli Sciiti, che dunque hanno conservato l'istituto.

La mut'a prevede che ci si possa sposare, anche solo per un'ora (o per qualche anno), ma **prefissando la scadenza**, dietro pagamento. Poi la donna non avrà più nulla a pretendere, gli eventuali figli concepiti entro la scadenza sono legittimi. La mut'a nasce come istituto caritatevole, per dare sostegno economico a donne in difficoltà, ma oggi è diventata una forma religiosa di prostituzione legale. C'è ancora di fatto nel Sud Est asiatico buddhista: stessa idea, stessi nobili scopi e stessa degenerazione in una forma legalizzata di prostituzione.

Di contro, gli Sciiti praticano molto meno la mutilazione

genitale femminile che purtroppo è una piaga terribile ancora molto presente in tanti Stati sunniti (e non solo).

Quando gli uomini (qui anonimi…) vanno in pellegrinaggio nelle città sante, la verità è che sono seguiti da tante prostitute, che si fanno "sposare" per qualche ora. Così è tutto islamicamente accettabile per la Scia

Chiudo questa prima parte, ricordando che alla stragrande maggioranza dei musulmani tali **argomenti interessano** molto, ognuno pensa di avere ragione e Dio dalla sua parte, ma naturalmente c'è anche **accettazione reciproca e possibilità di convivenza**.

È vero che Baghdad ha quartieri sciiti e sunniti separati, e che in Iraq gli Stati Uniti hanno dovuto tenere separati i prigionieri di guerra e anche i presunti criminali delle due correnti come fanno con le gang altrove, però ci sono anche i matrimoni su-shi. Cioè **Su**-nni con **Shi**-a (scritto all'inglese).

Sono d'accordo con Marco PoLLo.

A tal proposito, senza arrivare al matrimonio, il ragazzo che mi ha portato in giro in Libano, aveva pronto sia un tipico nome di battesimo sunnita sia uno sciita con cui presentarsi alle ragazze, una volta compresa a quale corrente appartenevano! A lui non interessava altro...

LE LOTTE POLITICHE

Nel 632 muore Maometto, il Profeta. Non ha figli maschi viventi, né designa espressamente un successore.

> Per gli Sciiti invece presso lo stagno di Khumm, il Profeta, di ritorno dal suo ultimo pellegrinaggio a Mecca, avrebbe espressamente designato Ali come suo successore.

Allora, da un lato c'era Abu Bakr, suo fedele amico, l'unico compagno con cui scappò (mentre Ali si fingeva il Profeta per scampare all'attentato alla sua vita), tra i primi a convertirsi. Maometto lo rispettava e lo aveva autorizzato a dirigere la preghiera.

Dall'altro c'era Ali, cugino e genero di Maometto, di cui abbiamo parlato.

IL PRIMO CALIFFO

Prevalse Abu Bakr, primo Califfo ben guidato, forse proprio per non dare l'impressione che la successione fosse familiare (cosa che la Scia invece ammette apertamente!): del resto, Maometto aveva rotto gli schemi tribali del tempo, creando una comunità unita dalla fede e non dalla nascita.

Abu Bakr fu subito protagonista di conquiste ma anche di lotte interne, perché mise in chiaro che la fedeltà al Profeta non terminava con la sua morte. Bensì proseguiva nei confronti del Califfo, cioè del successore (alla guida della Comunità, non nella capacità profetica che è ad personam). Sì, con "fedeltà" potete tranquillamente intendere questioni di potere e raccolta tasse...

Ali non protestò per la nomina e pare non abbia neanche protestato quando Abu Bakr tolse l'eredità a Fatima (la figlia di Maometto, moglie di Ali). Il motivo è che tra Ali e Abu Bakr non correva buon sangue. Il tutto, pare, per via di una **collana**...

LE ORIGINI DEI DISSIDI TRA AISHA E ALI. L'AFFARE DELLA COLLANA

Aisha, la sposa bambina del Profeta, era **figlia** di Abu Bakr. Durante un trasferimento, si attardò a cercare una collana che aveva perso e la carovana si mosse senza di lei.

Fu ritrovata ore dopo da un ragazzo che forse rimaneva ultimo proprio per controllare che nulla e nessuno si perdesse per strada.

Il ritorno della sposa del Profeta con un giovane suscitò molto imbarazzo e partirono numerosi pettegolezzi. Anche Maometto, che tanto l'amava, si chiedeva se ripudiarla, fino a che, molti giorni dopo, Allah fece delle rivelazioni che la scagionarono. Tra coloro che sospettavano Aisha di adulterio, c'era in prima linea proprio Ali. Aisha e il padre Abu Bakr non scorderanno mai le accuse – ingiuste – di Ali.

Per alcuni Sciiti, Aisha non sarebbe stata una bambina al momento del matrimonio. Le fonti sunnite riporterebbero la sua età di 6 anni proprio per eliminare ogni possibile pettegolezzo. Una bambina così piccola di certo non poteva aver fatto nulla, mentre per gli Sciiti sarebbe stata ben più grande. Per gli Sciiti "complottisti", proprio Aisha avrebbe poi attentato alla vita del Profeta

OMAR E UTHMAN

Abu Bakr morendo **designò** come successore Omar, forse per evitare che Ali prendesse il potere.

Alla morte di Omar, verrà "eletto" Uthman (quello che fece mettere per iscritto il Corano), che era un influente membro della tribù che più di tutte aveva osteggiato Maometto all'inizio della sua predicazione.

Per gli Sciiti fu uno scandalo, prendevano il potere i nemici del Profeta – lo avevano ostacolato alla Mecca tanto che Maometto dovette emigrare, cioè fare l'egira verso Medina – quando c'era lì Ali, pronto a prendere il comando.

Per farla breve: vi fu una robusta rivolta contro Uthman, non solo dei partigiani di Ali, probabilmente per una singola spartizione di bottino o perché comunque in generale aveva privilegiato la sua tribù. Uthman fu ucciso, da altri Musulmani, e finalmente venne la volta di Ali.

Uthman fu ucciso da un Musulmano mentre leggeva il Corano. Anche Ali e Omar furono uccisi. Insomma tre dei quattro Califfi ben guidati, cioè questa epoca perfetta che i Sunniti vedono nella comunità di Medina e poi nella prima comunità musulmana che segue, è storicamente molto discutibile

IL QUARTO CALIFFO: ALI

Ali, come è facile immaginare, si trovò **intrappolato** in mezzo a due fazioni. Chi voleva vendicare la morte di Uthman, chi difendeva i rivoltosi, chi chiedeva ad Ali di fare giustizia, chi di perdonare.

Ali perdonò tutti, assassini compresi, per provare una pacificazione. E praticò una specie di spoiling system rimuovendo dalle cariche chiave tutti coloro che erano stati nominati da Uthman. Ali sposta anche la capitale da Medina a Kufa (che è vicinissima a Najaf, oggi in Iraq, dove per altro è sepolto lo stesso Ali). Cambiava il centro del potere, il che non poteva che inasprire la contesa tra le due fazioni.

A circa vent'anni dalla morte del Profeta, era già tempo di una vera battaglia, detta del Cammello, dove Aisha e Ali si fronteggiarono alla testa di due eserciti. Ali, dopo aver sconfitto la vedova che voleva vendicare Uthman, la **perdonò**. Ma dopo questa battaglia ne seguirono altre, soprattutto contro Mu'awiya che pure voleva giustizia per Uthman. Ali sembrava vicino alla vittoria, quando accettò un arbitrato a decidere le sorti del conflitto: si stabilì che Uthman fu assassinato e dunque gli assassini non potevano essere perdonati. Avevano ucciso un credente, il Califfo per giunta.

Per farla breve, da quel momento, oltre ai due schieramenti visti, ve ne sarà anche un terzo. Ali, infatti, dovette subire una scissione nei suoi ranghi. Alcuni lo accusavano di essere troppo **morbido**, un debole; lo abbandonarono per la sua propensione al perdono e per aver accettato l'arbitrato quando stava per vincere.

Questi oppositori andarono per conto loro, forti di proprie idee, tra cui la convinzione che il Califfo diventasse anche guida religiosa. Lo segnalo, perché di lì a breve Ali fu ucciso proprio da un Kharigita, cioè da un appartenente a questo terzo schieramento.

LA BATTAGLIA DI KERBALA

Dunque, **Ali è stato ucciso**, il nuovo Califfo è proprio Mu'awiya, sia pure con l'accordo che alla sua morte sarebbe toccato ad Hasan.

Hasan, ricordiamolo, è il primogenito di Ali, quello poco significativo ma che comunque è il secondo dei 12 Imam della Scia. Nel 680 muore Mu'awiya. Che però designa Yazid, suo figlio, come successore!

Muore anche Hasan, avvelenato secondo gli Sciiti, di morte naturale secondo i Sunniti. E così si arriva allo scontro. Da una parte Husayn, il secondo figlio di Ali, ora primo in linea per gli Sciiti; dall'altra l'esercito di Yazid, il Califfo.

Lo scontro avviene nella famosa battaglia di Kerbala. Husayn era stato in pellegrinaggio a Mecca e ora si sta recando a Kufa, lì dove il padre aveva spostato la capitale. Ma non ci arriva perché viene intercettato a Kerbala, attuale Iraq, dall'esercito di Yazid.

Con la sconfitta del ramo di Ali, il potere si sposta a Damasco, in Siria.

A Kerbala **Husayn si è immolato per il bene della comunità**. Sapeva bene di non poter competere con i suoi pochissimi uomini – 70, secondo la tradizione – contro un vero esercito. Da questo evento di capitale importanza per il mondo islamico deriva la festa-lutto Ashura, di cui abbiamo già parlato. Khomeini vedrà nella guerra contro Saddam il Sunnita, una rivincita di Kerbala.

A Kerbala muoiono tutti tranne un bambino piccolo (per altri invece era più grande): il figlio di Husayn che permetterà alla serie degli Imam di continuare.

Fino a questo punto, in effetti, fu **tutto uno scontro di potere**, perché prima del martirio di Kerbala, vere questioni teologiche non ve n'erano state. Da qui in poi politicamente le lotte continueranno, ma ci saranno anche tentativi di **pacificazione**.

In particolare, il famoso Califfo Al-Ma'mun, che abbiamo visto cercare di convincere a frustate gli Ulama circa la creazione del Corano, provò a trovare dei punti d'incontro. Forse voleva anche nominare suo successore uno della serie dei 12 Imam. E forse voleva diventare lui stesso **sia Imam che Califfo**, proprio attraverso l'affermazione della creazione del Corano. Corano che soltanto lui sarebbe stato autorizzato a interpretare.

Ma Al-Ma'mun non riuscì in nessuno dei suoi propositi, tanto meno nella pacificazione. E pensare che era riuscito invece a raccogliere "tutti" i libri del mondo nella famosa Casa della Saggezza! (Distrutta poi dai Mongoli che eliminarono anche il Califfato, già che c'erano.)

Dopo Kerbala, nel corso dei secoli, come abbiamo visto, c'è stata tanta elaborazione e discussione. La battaglia ha significato per i Sunniti tanto orgoglio, rinnovato poi in ogni vittoria successiva, in ogni affermazione del proprio potere sugli Sciiti. Persino il martire Sunnita è un **vittorioso**. Per gli Sciiti, invece, Kerbala è orgoglio per la sofferenza, è lutto. Husayn a Kerbala, come tutti gli Imam che seguiranno, è vittima di ingiustizia e oppressione.

Kerbala, santuario di Husayn. Mi hanno fatto entrare senza problemi, chi parlava inglese si è preoccupato di spiegarmi cosa accadde qui e quanto fosse eroico Husayn. Di occidentali non ne hanno visti molti. Mi hanno portato anche alla tomba, ma è vietato fare foto

Quando ho visitato io c'erano anche molti pellegrini Hazara, venuti dall'Afghanistan, a cui ho raccontato dell'incredibile maratona del nr. 0 della collana. Nessuno di loro però ne aveva notizia. Voi invece vi ricordate che sono appunto sciiti?

IL "PESO" DELLA SCIA

Da ultimo, ovunque, anche nel mio pamphlet, troverete scritto che i Sunniti sono circa l'80% dei Musulmani totali. Hanno le città sante, eserciti più forti e così via. **Tutto vero**, ma i numeri vanno interpretati.

L'Indonesia è il Paese con più Musulmani (Sunniti nel 99% dei casi). Poi ci sono India, Pakistan, Bangladesh e Nigeria. Tutte democrazie, tutti al di fuori del Medio Oriente, tutti **non** arabi.

Questi Paesi, così pieni di Musulmani, **non hanno "potere" nel mondo islamico**. Di certo contano poco da un punto di vista di indirizzo religioso, per di più la stragrande maggioranza dei fedeli non comprende il Corano arabo. A studiare ad al-Azhar sono ancora in pochi da queste nazioni, così come i cardinali in Vaticano sono ancora per oltre metà Europei. E di questi Europei quasi la metà sono Italiani, mentre sappiamo che oggi i Cattolici sono in Africa e Sud America, tanto per rendere l'idea.

Non solo: tanti di questi Musulmani sono conteggiati come Sunniti, perché loro stessi dichiarano di esserlo. Ma molti di costoro aderiscono alle confraternite **Sufi**, che tendono piuttosto verso la Scia, dato che hanno un Maestro, dotato di poteri, intermediario tra il fedele e Dio.

Addirittura considerano Ali la "porta verso Dio", il che è molto poco sunnita. Dunque, i numeri reali potrebbero essere diversi da quelli ufficiali.

Ben diverso è invece il "peso" della Scia: l'Iran, una delle grandi culle della cultura islamica, è tutto sciita. Non è un paese arabo però. In Pakistan c'è una minoranza cospicua di Sciiti (Jinnah, il padre della patria lo era). In Arabia Saudita gli Sciiti sono senz'altro minoranza e non possono avere alti incarichi nel governo, ma ricoprono un importante ruolo economico, essendo concentrati nelle zone dei giacimenti petroliferi. Nel piccolo Bahrein la Scia è maggioranza, ma è oppressa da una casa regnante imparentata con quella saudita. In Yemen è forte ed è guerra aperta che è diventata anche scontro Scia-Sunniti. In Turchia ci sono gli aleviti, riconducibili alla famiglia della Scia.

> Il "peso" della Scia va ben oltre il 20% anche per quanto riguarda il petrolio. In Arabia Saudita sono appunto gli Sciiti a vivere nelle zone con i più grandi giacimenti: questo perché sono zone che si affacciano verso l'Iran, quasi completamente sciita. Anche l'Iraq ha il petrolio concentrato nella parte meridionale, a forte prevalenza sciita.

LE CAPITALI CHE CONTANO

Ma soprattutto la Scia ha la grande **Damasco**. Gli Sciiti sono minoranza in Siria, per altro al potere vi sono Sciiti che a loro volta sono minoranza, cioè non sono duodecimani. La Scia ha **Baghdad** e l'Iraq è a maggioranza sciita.

La priorità di ISIS/Daesh non è forse combattere la Scia in Iraq e Siria? Ricordate il nome scelto da al-Baghdadi per se stesso? Abu Bakr. Perché si sentiva anche lui un primo Califfo e perché il nemico più vicino è la Scia.

Infine la Scia ha **Beirut**, che in realtà ha dentro di tutto, ma il Libano è pure a prevalenza sciita.

Queste sono città che **hanno autorità religiosa**, oltre che peso politico. Anche la famosa e summenzionata università al-Azhar (la "luminosa") è stata fondata dagli Sciiti, come sciita è nata la città che la ospita, al-Fustat poi ribattezzata Il Cairo.

C'è voluto il Saladino, un curdo, per riportare l'Egitto, cioè il paese arabo oggi più popoloso, nel Sunnismo (ma forse la popolazione era rimasta in gran parte sunnita anche sotto la dominazione sciita).

E da ultimo, gli Sciiti hanno **milizie pronte a combattere**.

Dolcetto che ho ricevuto da uno studente nella moschea di Husayn al Cairo. Aveva superato l'esame e voleva che tutti fossero contenti insieme a lui. In questa moschea, secondo i Sunniti si trova la testa di Husayn (anche per i Sunniti Kerbala è comunque un episodio triste e doloroso). Per gli Sciiti, ovviamente, il corpo di Husayn è sepolto intero a Kerbala

Quando su una moschea sciita sventola una bandiera rossa, sappiate che stanno combattendo da qualche parte.

Dunque, il rapporto Sunniti-Sciiti 80-20 va **pesato andando oltre il numero.**

TURISMO ESTREMO

Vuoi scoprire gli altri numeri
della collana turismo estremo?

Vai su
www.turismoestremo.it

PIANO DELL'OPERA:

0. Afghanistan
1. Corea del Nord
2. Tibet
3. Iraq
4. Arabia Saudita
5. Iran
6. Papua Nuova Guinea
7. Jacuzia - Antartide
8. Turkmenistan
9. Pakistan - Bangladesh
10. Chernobyl - Lager - Gulag
11. Nauru - Tuvalu - Kiribati
12. Somalia - Etiopia - Eritrea
13- Mongolia - Kazakistan
14. Congo - Ruanda - Burundi
15. America Centrale - Messico
16. Venezuela - Guyana
17. Haiti - Caraibi
18. Yemen - Oman
19. Siria - Libano
20. Nigeria - Ghana - Liberia
21. Libia - Sudan - Sahel
22. Africa del Sud
23. Angola - Mozambico - Timor Est
24. Giro del Mondo in 24 ore

TURISMO ESTREMO

Il turista estremo viaggia in luoghi considerati, a torto o a ragione, come pericolosi, remoti, emotivamente forti, lì dove siano accaduti eventi terribili per cause naturali o umane. Cerca l'emozione, ma è spinto dalla curiosità. Talvolta ha voglia di distinguersi, cerca l'avventura ma anche l'omaggio al dolore altrui, il dovere della memoria.

Certo, il turista estremo sa bene che la conoscenza del mondo si nutre di ciò che è bello ed eccellente, ma lui va oltre e pensa che la conoscenza si abbia anche attraverso le zone inospitali, teatro di follia e disperazione, nell'incontro con popolazioni oppresse, in guerra o in difficoltà.

Oltre a visitare, il turista estremo può praticare attività sportive che permettano di vivere il luogo ancora più intensamente o supportare le popolazioni locali. Ma si può anche esplorare con comodità.

Il turista estremo vuole conoscere il mondo intero. Sa bene che c'è qualcosa di buono in ogni dove e in ogni cultura. Vuole indagare le differenze per imparare, vedere con i propri occhi, confrontarsi per migliorare se stesso e il mondo.

Ogni luogo della terra è già stato scoperto, ma troppi angoli sono stati visitati da troppo pochi. Il mondo migliora con la conoscenza reciproca.

La conoscenza del mondo è il viaggio più estremo

LA COLLANA "TURISMO ESTREMO"

Questa collana vi porterà nei luoghi del turismo estremo per dare una prospettiva più profonda e obiettiva di alcune parti del mondo poco conosciute.

Niente retorica o pericoli continui immaginari per magnificare l'avventura del turista estremo, ma nessuna voglia di sminuire i pericoli affinché passi il messaggio che non sono luoghi così pericolosi come si dice.
Il giusto equilibrio: il turista estremo non è un avventuriero senza paura, ma neanche un sognatore che ritiene che il mondo sia un posto meraviglioso.

Comunque questi libri non vogliono far cambiare idea su certi posti, anche perché talvolta, per mete così inusuali, un'opinione di partenza non la si ha neanche. E altre volte la si ha, ma non è sbagliata!

In questa collana sono bandite le banalità.

Questi non sono testi scientifici.

L'Autore è ovviamente sempre andato di persona in tutte le nazioni che racconta nella collana.

CHI SIAMO

L'Ambasciatore disoccupato sono io, Flavio Ferrari Zumbini. Appassionato di turismo estremo, sono sempre alla ricerca di posti remoti, poco visitati e talvolta proprio sconosciuti. Dopo ogni viaggio riscopro quanto apprezzo la civiltà, il progresso, la democrazia e tutto ciò che mi circonda a casa. Non ho appartenenza politica, mi interesso di religioni senza praticarne nessuna, sono appassionato di politica internazionale, parto con pochi pregiudizi e sono sempre pronto a cambiare idea di fronte a nuova conoscenza ed esperienze sul campo. Da grande appassionato di poker prendo dei rischi ma quanto più calcolati possibile.

L'Ambasciatore è disoccupato, per cui può sempre
esprimere i suoi pensieri in libertà

presunto aspetto del
vero Marco Polo

Marco PoLLo è il mio **immaginario** compagno di viaggio. Tutti i viaggiatori tengono un diario, perché hanno molto da raccontare ma secondo me anche perché si sentono soli. Il mio diario ha qualcosa in più. Prende vita in Marco PoLLo. Il PoLLo è un po' fifone, polemico, tontolone, credulone ma sempre pieno di domande, allegro e con tanto entusiasmo. Per il PoLLo ogni posto che scopre ha tante cose migliori di casa sua, ogni posto in cui viaggia lui è speciale e gli altri proprio non possono capire.

Insieme andremo in tutte le nazioni del mondo.

Unisciti a noi nelle avventure di turismo estremo!

Printed by Amazon Italia Logistica S.r.l.
Torrazza Piemonte (TO), Italy